살아가는 즐거움

살아가는 즐거움

이정현 시집

계간문예

| 시인의 말 |

홀로 유영하던 별

이제
하나 둘씩 모여들어
서로를 비춰주는 별이 되었다

첫시집을 내면서
나를 아는 모든 별들과
이제 만날지도 모르는 미지의 별들에게
고맙다고 말하고 싶다

2017년 봄

이정현

차례

제1부

제2부

제3부

제4부

제1부

나팔꽃의 하루

할 말이 많은 나팔이
꽃잎에 떨어져
웃음으로 올라온다

말 속에 갇히는 날에는
비틀거리며
꽃대 위로 올라탄다

문득
하늘을
보고야 말았다

열린 입술 사이로
터지는 웃음

분재

내려오는 길
담벼락 위에 놓인 키 작은 나무 하나
보았던 소나무들이 새끼를 쳤나

묵힌 세월
휘어진 척추 늘어뜨리고

한 폭의 그림 등에 걸어
집이라는 그릇으로 가는 중
비슷한 문양의 수저들 식탁의자를 끌어당긴다

햇살의 노래

나를 쫓는 이 있다
그에게서 도망치는 유일함은
마음의 고도高度를 유지하는 일
그리 쉽지만은 않다

빛으로 달래야한다
정오의 가장 강렬함으로
밝음이 춤출 수 있도록

겸손함을 지닌 빛의 위안으로
저만치 비껴 선 그대
햇살이 되었다

편백나무

하늘을 타고 오르던 꿈들이
바람에 휘청이더니
지상으로 내려와
베개 속으로 들어갔다

잘게 부서진 흔적들
숲의 향기는 쪼개지지 않았다

오월의 햇살을
숲 속에 남겨두고
누군가 남몰래 흘리는
눈물을 받아먹으며
숲의 기억은 점점 희미해져간다

데칼코마니

눈 뜨면
누군가가 그리워진다

엇갈린 울림 속에서
빨간 구름이 하늘거리고
지친 몸은
반으로 포개어 잠이 든다

꿈인 듯
둘이서 피어낸 달개비꽃
꽃술 한 마리가 기지개를 켠다

돌림노래

할머니가 쥐어준 동전 들고
언니랑 목욕탕 가는 길은
참 짧았던 거같아

구름마차 끌듯
언니와 나의 돌림노래
화음을 줍던 그 천진했던 시간에

어느덧
우리 자매 몰래
낡은 주머니 사이로
새어나간 동심童心

꿈의 옷자락을 잡고
가수가 된 언니는
사랑의 날개*를 펴며
향기로운 계절을 맞았지

나의 음표에도
즐거움을 실어

자매의
앞서거니 뒤서거니
돌림노래는 계속될 거야

* 이태연 가수 1집 앨범에 수록된 곡

함뿍

튀겨진 꽃잎이
춤추는 사월에

연분홍빛 꽃잎을
따다놓고

어릴 적
나를 등에 업고 토닥이던
당숙모를 만나러 간다

봄 둔덕에
부풀어 오르다
젖어버린 세월만큼

함뿍*
쏟아져 내린 주름이
꽃비로 눕는다

* 함뿍 : 분위기 따위에 아주 푹 젖은 모양을 나타내는 말

종려나무

누군가
너를 부르면
나
너
따라갈지도 몰라

누군가
너를 부르면
나
흠칫 놀라
뒤돌아선 채

후회없이
손 흔들지도
몰라

메니큐어를 바르며

어제보다
조금 더 자란 말들
끄트머리를 끊어내고
빨간색 · 분홍색
그리고 회색을 흔들어
그 중 꽃을 닮은 뚜껑을 연다

뜬소문으로 빨개진
진달래꽃이
마르기를 기다린다

말간 손톱 위로
눈물이 덮힌다

할 수 있는 일

창 너머 흐르는 빗줄기를 세어본 일이 있는가
나무 위에 은행잎을 헤아려 본 적이 있는가

마음으로
힘을 거스르지 않는 일이란
할 수 있는 일과 할 수 없는 일을 아는 것

빗줄기를 바라 볼 수 있고
은행잎 아래에 서 있을 수 있는

지금 이대로라도 좋다

참새

노병사老病死
그리고 생生의 순환에

어미의 먹이를 받아먹으며
햇빛과 바람으로
내 꽁지는 여물어가지

내 부리는 짧고 단단해
높은음자리에서
노래할 수 있어

아아
날아갈 거야
날다 지치면
쉬면 되지

별이 흐르고

새벽녘
별빛 아래
저 미술관

몇 백 광년을 기다린
별들의 향연
생의 절정처럼
터지는 별똥별에

박제처럼
누워있던 그림들이
쏟아지는 별들을 먹는다

그리다

겨울 속으로 걸어들어가
오감의 찌꺼기들을
까맣게 물들이고

시퍼렇게
때론 서릿발처럼
하얗게 빗금을 친다

그 빗금 안으로
햇살을 끌어다
겨울에 얼굴을 묻고

영원히 젖지 않는
사랑만 덧입히리라

상고대

산에 오르니
선계인 듯
낙원인 듯

저 찬란한 눈꽃송이들이
순백으로 걸어와

아아
내 영혼에도
꽃피었으면

환영幻影

본능처럼 매달린
이파리를 떼어내기란
나무도 쉽지 않았을 거다

펄럭이는 풀무질에
휘청거리는 하늘
감은 눈꺼풀 위로
헛것이 보이다 말다

고독한 혁명이
자유를 외친다

겨울나무의 노래

바스락거리는 욕심을 내려놓고
언 땅 위에서 다시 숨을 고르는
나무들이 되새김하는 시간

자기 할 일을 다 마친 나무처럼
바라는 바 없었으면

겨울 바람에 밀려
온몸으로 흔들리는 나무들은
아버지의 뒷모습처럼 처연하다

왜 사느냐 묻거든

하늘을 향해
수천 번 묻다가

나한테 되돌려
묻다가 지쳐

그냥 살기로 한다

참회

빗줄기로도 모자라
채찍질도
달다

제2부

꽃길

길을 걷는다
눈을 열어
네게로 간다

눈 닿으면
벌린 입 포개어

바람까지도
끌어안는

양귀비와 기생초, 안개꽃이 소곤거리는
그 작은 길

참말

빛났던 날들에
거짓이 보석처럼 박혀있다

바람결에
따라나선 길
정신없이 맞이한 봄, 봄 또 봄

부풀다 떨어진
꽃잎에 누워
잿빛 하늘을 본다

거짓비
한차례 쏟아진
그 자리에
어느새
참말만 남았다

억새풀 숲

마른 바람에 휘어질 듯한
황갈색 정수리에
더벅머리꽃이 피었다

지치도록 흔들리다
밤이 되길 기다려
손 내미는 억새풀들의 고백
혼자였으면 어림도 없었을

처음처럼

나를 거쳐 간 이가 한 둘이 아니다
환장하며 달려들 때엔 넘어가고 싶다가도
울분으로 품을 땐
너가 무섭다

몇 번이고 쓰러졌다 세워지는 어둠 속에서
널브러져있는 우리들
수만 가지 사연 위로 눈꺼풀이 감긴다

위험한 너
마지막 하얀 피 한 방울을 떨굴 때
우리의 노래
이제부터가 시작이다

사랑통

그가 내게로 와
느낌표를 목에 걸어주었다

귀에 걸어 준 수수께끼는
물음표를 던지고

행간에 걸터앉은 쉼표

견디다 못해 마침표를
그이 몰래 찍으러 간다

마음의 앙금

하얀 박꽃은
그리움을 맺히게 하고
유월의 아카시아잎은
휘적휘적거리며
고향을 부르게 하네

잊어버린 친구는 있어도
미움으로 남은 친구는 없어
가슴을 열어봐
그곳에 맺힐 일이 무에야

미움 없이

침묵 속에도
파문은 일 듯이
흐르는 대로 가보자

나
시간을 타고
이대로
흐르다보면

계절이 옮겨가더라도
미움 없이
너를
보낼 수 있을거 같아

오늘이 흐른다

어제와 내일 사이에
흐르는 강물이 있어
오늘을 산다는데

나 바보처럼
7할을 어제에
나머지 3할을
내일에 흐르게 하였다

오늘을 찾으러
노를 젓다
지쳐 바라본
강물 위에

내가 보인다
오늘이 흐른다

제3부

눈 내리는 날

눈 내리는 날
햇빛 닿은 창가에

녹아버리는
저 눈처럼

담아 둘 일 없었으면

소꿉놀이

기왓장에 차려놓은 풀이 시들하다
뱉을 수도 삼킬 수도 없는
가위 바위 보 한다
온종일 쪼그리고 앉아
사금파리에 담긴 모래밥을 쏟아버리고
노을 한 줌을 주물러 저녁을 맞는다

무지無知 2

산정山頂에 올라
사랑을
따 보려고
손을 뻗었다

해가 질 때까지
헛손질에 지치고 보니

이게 아닌가 보다

외로움 한 톨

아파트 담벼락
바람결에 날아 온
외로움 한 톨

깊이 패인
마음에 드밀고 와
모른 척 싹을 틔웠다

이 외로움의 꽃
누가 뿌렸을까
누가 키워냈을까

사실
오래 전
아주 오래 전부터
내가 널 아는 체 하지만 않았던들

다섯 손가락 그리고 또 하나

저것 보아
하나가
숨을 곳을 찾고 있네

한 뿌리에 내린 눈물이
역류하는 것은
아픔이 덜 여물었기 때문이야

외롭기로 작정하면 두렵지않아
알 수 없는 것은
그 울음을 외면하는 다섯손가락이야
그들이 철들게 한단 말이지

저것 보아 하나가 더 있어

아무도 그 누구도

아무도 그 사람이 되지 않고는 말할 수 없다

나와 타인이 바라보는
시선의 각도는
죽음의 거리다

누군가 내게
나무의 흠집에 대해 물으면
나는 모른다 말하리라

오직
말할 수 있는 것은
나는 타인이 될 수 없음을

밤의 카페에서

해지는 아를에서
노란 천막이 휘어지듯
술이 쏟아진다

나도 그들 속에 섞여
술에 취한 듯
고흐를 만난다

고통 없이 살다 간 사람이 있을까

밤의 카페엔
수많은 고흐가
술을 마신다
고통을 마신다

눈물의 방

슬플 때
나
어둠에게서 눈물에게로
당신을 초대합니다

가슴 열어
고인 눈물이
발 밑으로 흐를 수 있게

눈물의 방으로
나
당신을 초대합니다

꽃자리

텅 빈 요람 위에
눈물만이
흔들거린다

‘아름답게 피어라
잘 자라거라’

떨어진 꽃자리에
내 못다 한 기도는
보랏빛 눈물로 맺혀

아아
둥글고 둥근
작은 열매에
까만 두 눈동자가 박혀있다

어처구니

암돌과 숫돌이 배 맞아
콩이 으스러지도록
깨를 볶는다

어처구니가 없었으면
택도 없는 일이다

서로 맞물리지 않는
아내와 남편이
한 이불을 덮는다
한솥밥을 먹는다

어처구니 같은
자식이 없었다면
택도 없는 일이다

아버지

가장의
완장을 두르고
새벽 녘
한 술 뜨고 나서는
그 겨울의 아침바람은
유난히 추웠을 겁니다

아직 잠에서 깨지 않은
둥지의 식솔들을 떠올리며
당신의 어깨는 더 당당해야만 했을 겁니다

한 모금의
담배 연기 속에
홰를 치던 상념들
이젠 세월 앞에
당신의 발톱도 많이 뭉툭해졌습니다

아직도
소주 두 병쯤은 거뜬히 잘 드시지요

펜을 놓지 않고
늘 배움을 향해 바쁘신 아버지
영원한 청춘은 당신을 두고 하는 말 같습니다

어머니

한평생
선善을 부처삼아
살아오신
나의 어머니

냉동실을 열면
당신의 사랑이
우르르 쏟아집니다

오늘은 청국장을 끓이려합니다
딸아이는 코를 막지만
나는 당신이 보내 온
깻잎 · 김치와 함께
밥 한 공기를 담아냅니다

싫다 싫다 해도
싸주시면
이렇게 잘 먹는 걸
아신 걸까요
어머니
이번 깍두기가 제법 맛들었습니다

귀 빠진 날

건져 올린 바다를
물에 불린다
이런 날은
꼭 친정엄마가 생각난다

새해 첫날부터
계집아이 울음소리에
미역국도 맘 편히 못 드셨다는데
그런 어머니를 생각하며
뭉그러진 미역을 솥에 앉힌다

사랑 한 소끔 넣은
뜨끈한 미역국을 먹으며
그 옛날 어머니의 설움을 가라앉히고 있다

제4부

낙엽

작년 이맘때쯤일 거야
이별을 서두르는 것이
잘못인 줄 몰랐어

내 발 밑에서
마지막 숨을 거두는
포플러나무의 말을
듣기 전까지는

다시
창문 너머로
나를 비틀던
빠알간 너의 얼굴이
보일 때

거부할 수 없는
탄성으로
너의 어깨를 꼭 끌어안았지

이제 다시는
단풍이 들기도 전에
낙엽이 되는 일은 없게 할거야

뒹굴고 뒹굴다
웃음으로 기진맥진할 즈음
순응하듯 너를 보낼 거야

산 중턱에서

잠시 쉬어가자는
여자의 말에
지나가던 까치가
홀깃 쳐다본다

찢어진 다리
가냘픈 모가지와
양날개를
바위에 눕히고

두 여자는 날개를 한 개씩
서로의 입에 물렸다

씹을수록
속살이 낯간지러워
바람 들까
옷깃을 여미는데

손 타지 않은
닭 모가지만
그녀들의 등짝에 매달려
산 정상을 넘본다

그해 여름 날

정오를 향해 달음박치던 태양의 시간
고통 속으로 치닫던 그해 여름 날
쏟아지듯 시원한 너의 울음소리 반갑더라

제 자리에 달린 열 · 손 발가락이
이렇게 또 고마울 줄이야

가장 아름다운 이름
가슴에 품고 싶었던 선물
엄마가 되었어

아무것도 모르고 이만큼 걸어온 내가
이제 막 시작한 네게
해줄 말이 있단다
그것은 말이야

아니지
네가 살아 갈 멋진 영화에
예고편은 필요치 않아

너는 너답게
나는 나답게 살아가자

펌프질

밭일 나간
어머니 대신
저녁밥 짓기 위해
펌프에 마중물 부어넣는다

깊숙이 들이마시고
내쉬는 숨 고리에
반짝이는 물줄기

양푼에 담긴 쌀이
일제히 눈을 뜬다

고향집

강원도 산골집
횡성군 우천면 두곡리 둑실 258번지
지금은 옛사람처럼
허물어졌지만

나의 가슴은
흙 마당에 봉당이 있는
그 고향집을 허물지 않았다

풍구

아침에 일어나면
할아버지는 쇠죽을 끓이고 있었다
풍구에 불질이 좋아
나는 냉큼 달려가
할아버지에게서 풍구를 빼앗았다

휘이잉 휘이잉
원을 그리면
바짓가랑이에
내 무릎에
할아버지 냄새가 눌러붙었다

뜨거운 아침이
가마솥뚜껑 위로 흘러내릴 때
외양간에선
할아버지의 식솔들이
헛발질로 바람을 보탰다

감나무 한 그루

친정집 앞마당에
감나무 한 그루

그 곁을 지키는
주홍빛 꿈의 빈 그네

담장을 넘어 하늘을 넘실거릴 때
“밥은 먹었냐”는 까치들의 안부

정情 익은 감 하나
툭 떨어진다

불나방

여름날
뜨끈한 칼국수에
코를 박고 웃는
촌부의 식솔들 소리

불나방은
분가루 날리며
돌담을 넘는다

알전구의 빛 속으로
뜨겁게 타들어가는

그도 행복이 부러운가 보다

판도라 상자

별들이 수직으로 내려와 낚싯대를 드리운다
도시의 그림자는 허기졌고 저당 잡힌 오늘이 그늘에 잠겨있다
하루하루는 구름인지라 저수지는 모호하다
불안의 미끼를 물은 오늘과 내일은
서로들 물어뜯고
우울의 곡조를 타고 붕어 한 마리를 건져 올린다
지금 별 하나가 호기심으로 허기진다
허공 속으로 사라질지도 모를 헛된 꿈들이 모인다
이대로 시들기는 아직 이르지 않는가
살아있는 것들은 고통과 함께 숨을 쉬지만
눈물만 흐르게 두지 않는다
햇귀*는
이미 그대 곁에 있을지도 모른다

*햇귀 : 해가 처음 솟을 때의 빛

빙하의 계단

밀물 썰물이 끌어올린 층층으로
바다는 조개를 물고 화석이 되어
얼음탑을 세웠다
물의 계단을 오르기 시작한다
거친 숨결에 부서지는 여린 속살들
로프에 매달린 눈망울은
발밑을 잊은 지 오래다
빛을 향해 걸어가는 사람들의
발자국 소리가 크레바스를 넘을 때
비로소 햇살은 얼음 살에 못을 친다
빙하의 비밀을 전해들은 사람들이
꿈으로 걸어 들어간다

회색마법사

물을 긷고 장작을 패고
아궁이에 불을 지핀다

새벽을 가르는
일상

물 긷고 장작패고
불을 지피다
그는
어느 순간
무無를 알게 되었다
회색마법사가 되었다

뒤집는 힘

부러운 날들의 연속이었다
서러움이 일어나 뛰기라도 하면
여지없이 가슴 한폭판에
따끔한 모래바람이 일었다

바람은 두려움을 곧잘 데리고 와
내 밥숟갈에 얹기도 하였다

그러다
하이쿠처럼 살다 간
무명 시인들의 죽음을 엿보았다

이제
성장을 멈추고 물들어가듯이
나뭇잎의 순리를 배우고 있다

지나고 나면 별 거 아니라고
오래된 상처들의 설득에
나 고개 끄덕이며 그 자리에
시 한 편 얹어놓는다

검은모래바다

검은모래바다에
밤이 들었다

그 틈으로 기어 나와
속절없이 부서지는
포말에 매달려
나 소리 없이 통곡했다

고된 자맥질로 졸던 가마우지떼가
눕었던 깃털을 세우고
내 검은 눈물을 찍어낸다

한 길 가슴 속에
엉겨 붙은 물때처럼
검은 모래들의 아우성

등 뒤에 꽂힌 섬
조율한 듯
검은모래바다는 숨을 고른다

어디로 갔을까

소림사에는
도를 얻으려는 사람들로
문턱이 닳았지만

도는
무릇 비워내는 일이거늘

면벽공심面壁功深 한 후
달마는
제자를 얻었고
혜가는
스승을 만났네

모조품처럼
여기저기서 아우성치듯
들려오는
선생님 선생님

아아
스승들은 다
어디로 갔을까

외식

단골 음식점
그릇 소리
휘황한 불꽃 위에
애깃거리가 노릇하게 익어간다

자식들과
눈 맞추는 곳은
하늘 아래 갈비집

그을림 없는 행복이
젓가락에 잡혀
몽글거릴 때

추가시킨 고기에
얘기 덩어리가
접시 위로 미끄러진다

살아가는 즐거움

앞가슴에 코 수건을 달고
창림초등학교*부터
지금에 이르기까지
나는 배우지 않은 적이 없었어
늘 학생이었지

우리 삶 그 어느 곳에도
배움터가 아닌 곳은 없었어

어두운 밤 숲을 통과해야
새벽의 햇살을 볼 수 있듯
신은 나를 사랑했고
쓸쓸이 나를 여물게 했어

담금질이 끝나고
살아내는 일이 아닌
살아가는 즐거움의 문항들이
오선 위에 덧줄처럼 그려져

나
춤추고
노래하고
웃음 짓게 해

*강원도 횡성군 횡성읍 추동리에 위치한 초등학교

| 해설 |

순결한 영혼의 판타지

순결한 영혼의 판타지

정 성 수
(한국문인협회 시분과 회장)

이정현 시인의 처녀시집 《살아가는 즐거움》은 그야말로 순결한 영혼의 판타지이다. 작품 속을 휘돌아 흐르는 시심과 감성이 문자 그대로 청순하다. 다시 말하자면 화자 자신의 생에 대한 사랑의 뿌리가 깊은 긍정의 파노라마를 아주 수줍고 조심스럽게 펼쳐놓는다. 때로는 아련하고 때로는 쓸쓸하고 때로는 아프다.

그러니까 이정현 시인의 경우, 우리가 대면하고 있는 이 다양한 스펙트럼의 세상과 자신만이 지니고 있는 특별한 삶의 체험과 한 인간으로서의 소박한 꿈과 희망의 여정을 낮은 목소리로 속삭이듯 따뜻하게 노래한다.

단적으로 말해서 시집의 제목 《살아가는 즐거움》 속에 이미 이정현 시인의 현세에 대한 연민과 슬픔, 긍정과 사랑이 다 함께 무르녹아서 하나의 아름다운 꽃의 세계로 슬기롭게 승화되어있다.

쓸데없는 군더더기 잔가지들을 과감하게 잘라낸 간결하고 비약적인 표현, 터질 듯한 감정의 적절한 절제와 의미의 함축 등이 이정현 시인이 지니고 있는 또 하나의 방법론적 특성이자 장점이기도 하다.

다음 시를 살펴보자.

검은모래바다에
밤이 들었다

그 틈으로 기어나와
속절없이 부서지는
포말에 매달려
나 소리없이 통곡했다

고된 자맥질로 졸던 가마우지떼가
눕었던 깃털을 세우고
내 검은 눈물을 찍어낸다

한 길 가슴 속에
엉겨붙은 물때처럼
검은모래들의 아우성

등 뒤에 꽂힌 섬
조율한 듯
검은모래바다는 숨을 고른다

–〈검은모래바다〉 전문

이 시는 대단히 상징적이다. 어찌보면 쓰라린 자화상의 거대한 담론을 슬쩍 펼쳐보이는 듯한 그 나름의 깊고 뜨거운 의미를 담고 있기 때문이다.

여기에서의 '바다'는 우리가 평소에 지니고 있는 일종의 고정관념적 바다, 즉 해안가에 흰 모래가 깔려있는 푸른 바다가 아니다. 보기 드문 '검은모래'가 깔려있는 지극히 낯선 바다이다. 즉 푸르디 푸른 희망적 바다가 아니라 검디검은 절망적 바다이다.

이것은 시적화자가 우리들의 삶을 기본적으로 어둡고 힘든 고통과 절망의 세계로 인식하고 있다는 하나의 특별한 반증이기도 하다. 거기다가 그 '검은모래바다에/밤이 들었다' 햇빛이 눈부신 아침이나 대낮도 아니고 '검은모래' 위의 캄캄한 '밤'이다. 저 힘들고 어려운 도전의 과정인 수평선을 넘어 끝끝내 달려온 '포말'은 그러나 '검은모래' 위에서 그야말로 '속절없이 부서' 진다. 오랜 질주 뒤의 장렬한 파멸이다. 그 '포말에 매달려/나 소리없이 통곡했다'

그렇다. 기나긴 도전 끝이 놀라운 성공이 아니라 깊은 좌절이니 화자가 어찌 '포말에 매달려', '통곡'하지 않을 수 있으랴. '포말'은 바로 이 거친 세상에 도전하는 화자의 뜨거운 분신이기 때문이다.

'고된 자맥질로 졸던 가마무지떼가' 화자의 '검은 눈물을 닦아낸다' 꿈의 좌절 속에서 화자는 결코 절망하지 않는다. 수많은 포말을 지니고 있는 '검은모래바다'는 지나온 희망과 꿈

의 섬들을 돌아보며 조금씩 '숨을 고른다'

결코 거친 세상에 대한 재도전의 꿈을 버리지 않는 것이다. 마치 헤밍웨이의 '노인과 바다'의 마지막 장면처럼 당당하게…!

다음 시를 살펴보자.

붉던 너의 정열
어디로 간 거니

파김치처럼
시들어가다니

나 처음이라
서툴러서 그래

사랑
참 어렵다

– 〈만냥금〉 전문

한 마디로 사랑시다. 짧고 간결하다. 아마도 화자의 슬픈 사랑도 그렇게 짧고 간결했을 것이다. 동서고금의 사랑시는 대체로 실패한 사랑을 노래한 것이 많다. 이별의 시나 사랑의 결핍에 의한 그리움이나 고독의 시가 대부분이다. 말하자면 잘

이루어진 사랑시보다 조금 불완전하거나 슬픈 사랑시가 더욱 감동적이다.

고구려 유리왕의 〈황조가〉가 그렇고 조선시대 황진이의 〈동짓달 기나긴 밤〉이 그렇고 일제시대 김소월의 〈진달래꽃〉이 그렇다.

오래 전부터 전세계의 수많은 시인들이 사랑을 노래해 왔지만 아직도 사랑노래는 끝날 기세가 아니다. 사랑에 대한 감정이나 표현의 농도나 방법이 시대마다 나라마다 개인마다 모두가 다 미묘하게 조금씩 다르기 때문이다.

〈만냥금〉에서는 '붉던 너의 정열/어디로 간 거니/파김치처럼/시들어가다니' 하고 사랑의 열정이 식은 것을 아쉬워하고 슬퍼한다. 그런데 화자는 사랑의 실패 원인을 상대방인 타자에게서 찾지 않고 순전히 자신의 개인적 특수상황 속에서 찾는다.

'나 처음이라/서툴러서 그래'. 즉 화자의 사랑이 첫사랑이기 때문에 본인이 사랑에 '서툴러서' 실패하게 되었다는 것이다. 그 다음 마지막 연에서는 '사랑/참 어렵다' 라고 직설적으로 그것의 지난함을 솔직하고 단호하게 토로한다.

말하자면 진정한 사랑은 그 누구에게나 쉽지 않다고 갈파한 일종의 잠언 같은 작품이다. 4연으로 이루어진 너무나도 맑고 깨끗한 연시이다.

다음 시를 살펴보자.

산에 오르니
선계인 듯
낙원인 듯

저 찬란한 눈꽃송이들이
순백으로 걸어와

아아
내 영혼에도
꽃피었으면

– 〈상고대〉 전문

'산에 오르니/선계인 듯 낙원인 듯//저 찬란한 눈꽃송이들이/순백으로 걸어' 온다. 높은 산 정상(상고대)에 올라갈 때 하얀 눈꽃들이 사방에서 펄펄 날리며 한눈에 들어오는 그 순백의 황홀한 순간을 아름답게 노래한 작품이다.

눈송이 속의 산은 너무나 깨끗해서 마치 신선이 사는 순백의 세상같기도 하고 인간이 추구하는 순결한 이상향같기도 하다.

그 어느 것에도 오염되지 않은 눈송이들의 축제를 바라보면서 화자는 '아아/내 영혼에도/꽃피었으면' 하고 자신의 영혼이 눈처럼 해맑고 순결하기를 기원한다. 말하자면 이 작품은 인간의 아름다운 영혼을 위한 시인의 헌시라고 말할 수 있을 것이다. 다음 시를 살펴보자.

건져올린 바다를
물에 불린다
이런 날은
꼭 친정엄마가 생각난다
새해 첫날부터
계집아이 울음소리에
미역국도 맘 편히 못 드셨다는데
그런 어머니를 생각하며
뭉그러진 미역을 솥에 앉힌다

사랑 한 소끔 넣은
뜨끈한 미역국을 먹으며
그 옛날 어머니의 설움을 가라앉히고 있다

– 〈귀 빠진 날〉 전문

이미 어느새 성인이 된 화자가 자신의 생일날 미역국을 끓여먹으며 지난날의 어머니를 생각하는 사모곡이다. '건져올린 바다를/물에 불린다/이런 날은 꼭 친정엄마가 생각난다'

'미역' 을 '건져올린 바다' 로 비유한 것이 특이하다. 미역은 바다의 산물일 뿐만 아니라 마른 미역이 잘 풀어진 형태는 굽이치는 파도를 닮았다. 두 사물의 동일성을 바탕으로 미역을

'바다' 로 비유한 것은 대단히 신선하다.

어디 그뿐인가. '바다' 는 생명의 근원이며 그에 따라 당연히 모든 생명체의 어머니이다. 사람의 어머니가 최초의 바다라고 했듯이 이 지구 위에 한 생명체를 탄생시키고 나서 맨 처음에 먹는 것이 바로 미역국이다. 그야말로 절묘한 표현이다.

'새해 첫날부터/계집아이 울음소리에/미역국도 맘 편히 못 드셨다는데'

화자의 생일날은 설날인데, 대를 이을 아들을 낳지 못하고 장차 출가외인이 될 딸을 낳았기 때문에 시어머니, 시아버지 눈치 보느라고 '미역국도 맘 편히 못 드' 신 어머니...!

'사랑 한 소금 넣은/뜨끈한 미역국을 먹으며/그 옛날 어머니의 설움을 가라앉히고 있다'

화자는 자신의 생일에 스스로 끓인 미역국을 먹으면서 '그 옛날 어머니의 설움을 가라앉히고 있다' 오래 전에 있었던 어머니의 상처를 생각하면서 화자는 어머니의 아픔을 반추하고 그리워하고 같은 여성으로서의 자신의 생애도 함께 되돌아본다. 조금도 과장되지 않고 잘 절제된 표현이 오히려 이 시의 감동을 더욱 빛나게 한다.

다음 시를 살펴보자.

정오를 향해 달음박치던 태양의 시간
고통 속으로 치닫던 그해 여름날
쏟아지듯 시원한 너의 울음소리 반갑더라

제 자리에 달린 열 손 발가락이
이렇게 또 고마울 줄이야

가장 아름다운 이름
가슴에 품고 싶었던 선물
엄마가 되었어
아무것도 모르고 이만큼 걸어온 내가
이제 막 시작한 네게
해줄 말이 있단다
그것은 말이야

아니지
네가 살아갈 멋진 영화에
예고편은 필요치 않아

너는 너답게
나는 나답게 살아가자

– 〈그해 여름날〉 전문

제1연에서는 화자가 무더운 여름날 정오 무렵, 오랜 진통 끝에 마침내 아기를 낳는 감격적인 순간을 노래하였다. 제2연에서는 '제 자리에 달린 열 손 발가락이/이렇게 또 고마울 줄이야' 라고 장애아가 아닌 정상적인 아기를 낳은 데 대한 고마움을 표현한다.

제3연에서는 '가장 아름다운 이름/가슴에 품고 싶었던 선물/엄마가 되었어' 라고 새로운 '엄마' 탄생을 스스로 대단히 기뻐한다. 그 표현이 예사롭지가 않다. '엄마' 에 대해 일반적인 엄마의 기쁨과 달리 크게 방점을 두고 있기 때문이다.

'가장 아름다운 이름' 까지는 '엄마' 에 대해서 그저 일반적이고 보편적인 가치를 표현했다고 치더라도 '가슴에 품고 싶었던 선물' 은 무언가 화자에게 아기와 관련된 특별한 사연이 있는 듯한 뉘앙스를 풍겨준다.

그런 가설은 이 연의 마지막 행에서 '엄마가 되었어' 라고 '엄마' 에 대해 특별한 의미 부여를 하고 있기 때문에 더욱 그 신빙성을 높여준다. 그러니까 일반적인 '아기' 탄생이 아닌 매우 특별한 아기 탄생이 된다.

4연~6연에서 '아무것도 모르고 이만큼 걸어온 내가/이제 막 시작한 네게/해줄 말이 있단다…너는 너답게/나는 나답게 살아가자'

이제 막 태어난 갓난아이에게 '너는 너답게/나는 나답게 살아가자' 라고 지구인의 생애에 대한 자존과 개성과 자율성을 부탁하고 기원하는 화자는 아기 탄생의 순간 '엄마' 로서의 감격이 회오리바람처럼 소용돌이쳤을 것이다.

다음 시를 살펴보자.

어제보다
조금 더 자란 말들
끄트머리를 끊어내고

빨간색 · 분홍색
그리고 회색을 흔들어
그 중 꽃을 닮은 뚜껑을 연다

뜬소문으로 빨개진
진달래꽃이
마르기를 기다린다

말간 손톱 위로
눈물이 덮힌다

– 〈매니큐어를 바르며〉 전문

'어제보다/조금 더 자란 말들/끄트머리를 끊어내고' 에서 손톱을 '조금 더 자란 말' 에 비유한 것도 기발하다. 손톱은 육체가 하는 말(행동)의 첨병이다.

'꽃을 닮은 뚜껑을' 열어 손톱에 칠하고 '뜬소문으로 빨개진/진달래꽃이/마르기를 기다린다'.

이 세상엔 뜬소문, 헛소문이 얼마나 많은가? 아무 죄 없는 헛소문의 피해자는 그 사실이 너무 억울하고 속상해서 '말간 손톱 위로/눈물이 덮인다'. 대중이 조작한 헛소문에 대한 일종의 경고 메시지이다.

다음 시를 살펴보자.

하늘을 향해
수천 번 묻다가

나한테 되돌려
묻다가 지쳐

그냥 살기로 한다

—〈왜 사느냐 묻거든〉 전문

아주 짧은 단시 속에 긴 이야기가 전설처럼 숨어서 번득인다. 화자는 '하늘을 향해' 내가 '왜 사느냐'고 수천 번을 묻는다. 인간의 기본적 화두이다.

그러나 '하늘'은 시종일관 아무런 대답이 없다. 물어도 다시 물어도 그저 묵묵부답이다. '하늘'은 예나 지금이나 터엉 빈 채 고요히 푸를 뿐이다. 그 질문은 사실상 처음부터 화자 자신에게 던지는 질문이기 때문에 다시 '나한테 되돌려/묻다가'

그만 '지쳐' 버린다.

그 시간은 아마도 헤아릴 수 없이 길었을 것이다. 수많은 갈등과 번뇌와 고통의 순간들이었으리라. 심지어 그 사이에 이승과의 이별도 생각해 보았을 것이다. 그러다가 화자는 마침내 자신의 생애에 대한 결론을 내린다.

자신에게 주어진 한세상 '그냥 살기로 한' 것이다. 그러나 '그냥 살기로 한다'는 한 문장의 언어 속엔 그동안 화자를 감싸고 돌았던 너무나도 많은 생각과 사연들이 하나 가득 숨어있을 것이다. '그냥'이란 단어 속에 무한량의 사연과 긍정이 섞여있기 때문이다.

다시 말하자면 다사다난한 삶에 대한 최후의 긍정, 그것의 겸허하고 진솔한 표현이 아니겠는가.

다음 시를 살펴보자.

앞가슴에 코 수건 달고
창림초등학교부터
지금에 이르기까지
나는 배우지 않은 적이 없었어
늘 학생이었지

우리 삶 그 어느 곳에도
배움터가 아닌 곳은 없었어

어두운 밤 숲을 통과해야
새벽의 햇살을 볼 수 있듯
신은 나를 사랑했고
쓸쓸이 나를 여물게 했어

담금질이 끝나고
살아내는 일이 아닌
살아가는 즐거움의 문항들이
오선 위에 덧줄처럼 그려져

나
춤추고
노래하고
웃음짓게 해

– 〈살아가는 즐거움〉 전문

이 시는 젊은 날 삶에 대한 갈등의 세계에서 '왜 사느냐 묻거든'의 소극적 긍정의 세계로, 거기서 보다 큰 적극적 긍정의 세계로 한 발짝 더 나아가 '살아가는 즐거움'의 경지에까지 다다랐다.

화자는 고백한다.

'앞가슴에 코 수건 달고/창림초등학교부터/지금에 이르기까지/나는 배우지 않은 적이 없었어/늘 학생이었지'

세상을 살아오면서 어려서부터 어른까지 늘 '배우' 는 자세, 언제나 '학생' 인 자세, 이런 학구적이고도 겸허하고 진지한 자세가 화자로 하여금 생에 대한 갈등과 부정의 세계에서 벗어나 따뜻한 긍정의 세계로 나아가게 한 가장 큰 원동력이다.

'어두운 밤 숲을 통과해야/새벽의 햇살을 볼 수 있듯/신은 나를 사랑했고/쓸쓸이 나를 여물게 했어'

살아가는 고통 속에서 화자는 자신을 스쳐가는 따스한 희망과 행복의 손길을 보았을 것이다. 그런 어려운 과정 속에서 절대자인 '신' 의 사랑을 느끼고 깨달았을 것이다.

그뿐인가. 화자를 정신적으로 승화시킨 요인이 한 가지 더 있다. 그것은 바로 만물의 영장인 인간으로서의 근본적인 '쓸쓸함' , 즉 고독이다. '고독' 이야말로 예나 지금이나 인간의 고고한 스승이 아니던가.

'담금질이 끝나고/살아내는 일이 아닌/살아가는 즐거움의 문항들이/오선 위에 덧줄처럼 그려져//나/춤추고/노래하고/웃음짓게 해'

자신의 생애에 대한 끝없는 도전, 그 영혼의 마지막 사랑과 승리, 이 얼마나 극적이고도 멋진 노래인가. 그야말로 시적화자의 투혼의 승리가 아닐 수 없다.

앞으로 이정현 시인의 '살아가는 즐거움' 이 다시 또 어떤 시적 변용을 거쳐 더욱 빛나는 결실을 어떻게 하나하나 맺어가게 될지 즐거운 마음으로 기다려보기로 하자.

2017년 설날

칠읍산자락 별내마을에서

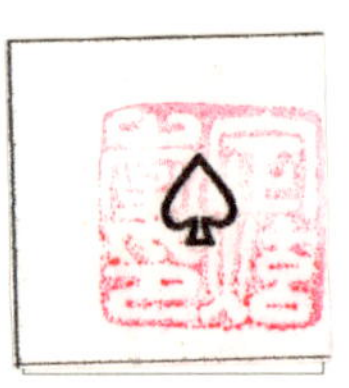

계간문예시인선 115

이정현 시집_ 살아가는 즐거움

초판 인쇄 | 2017년 3월 10일
초판 발행 | 2017년 3월 13일

지 은 이 | 이정현
회　　장 | 서정환
발 행 인 | 정종명
편집주간 | 차윤옥

펴낸곳 | 도서출판 계간문예
편집부 | 03132 서울 종로구 삼일대로 30길 21 종로오피스텔 808호
주소 | 03132 서울 종로구 삼일대로 32길 36 운현신화타워 305호
전화 | 02-3675-5633, 070-8806-4052
팩스 | 02-766-4052
이메일 | munin5633@naver.com
등록 | 2005년 3월 9일 제300-2005-34호
ISBN 978-89-6554-153-0 14810
ISBN 978-89-6554-118-9 (세트)

값 10,000원

이 도서의 국립중앙도서관 출판예정도서목록(CIP)은 서지정보유통지원시스템 홈페이지(http://seoji.nl.go.kr)와 국가자료공동목록시스템(http://www.nl.go.kr/kolisnet)에서 이용하실 수 있습니다. (CIP제어번호: CIPP2017006386)